Das alles kannst Du kochen und backen:

Schnelle Leckerbissen

Puppen-Menü

Selbstgebackenes

Ein Festessen

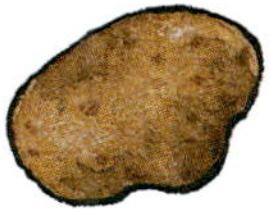

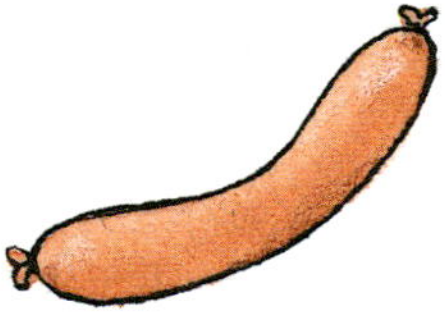

Rührei mit Zucchini und Reibkäse

2 Portionen

Du brauchst:
1 Stück Zucchini
1 Tl Butter
1 Prise Salz
1 Ei
1 Pl Reibkäse

Zuerst der Länge nach kreuzweise aufschneiden, dann die Stifte in 2 cm große Stücke schneiden.
In der Pfanne die Butter erhitzen. Wenn's brutzelt, die Zucchini zugeben.
MARC
Etwa 6 Min. lang gelegentlich umwenden.
Die Eiermasse über die Zucchini gießen und ...
... ab und zu mit dem Pfannenmesser die Eiermasse anschieben.
Wenn alles gestockt (fest) ist, ausschalten – fertig!

Puppen-Pizza

2 bis 4 Portionen

Du brauchst:
1 Scheibe Weißbrot
etwas Butter
1 Tomate
2 Scheiben Salami oder Kochschinken
1 Scheibe Käse
Salz, Pfeffer
Petersilie

Die Brotscheibe mit Butter bestreichen.
Von der Tomate Scheiben abschneiden und darauf legen. Salzen, pfeffern, Petersilie darüberstreuen.
Was übrig bleibt, essen wir immer gleich auf.
Den Ofen 5 Min. vorheizen. 10 Min. backen, bis der Käse schmilzt.
In 2 oder 4 Teile schneiden – und verspeisen!

Frühlingsbeet

4 Portionen

Du brauchst:
etwa 4 gehäufte El
gekochten Reis
Salatsoße aus:
1 El Essig
2 El Öl
je 1 Pl Salz und Pfeffer

Außerdem:
4 kleine Möhren
4 Radieschen
1 Stück Gurke
4 Löwenzahnblüten

In einen großen Teller streichen.
Die Möhren waschen, bürsten und so zurechtschneiden.
Das Gurkenstück waschen, schälen, in dicke Scheiben schneiden, halbieren.
Die Löwenzahnblüten von den Stengeln trennen und gut waschen!
Dann wird das Beet „bepflanzt“.

Kartoffelsuppe mit Würstchen

4 Portionen

Du brauchst:
2 kleine Kartoffeln
5 El Wasser
1 Pl Salz
10 Tl süße Sahne
1 kleines Würstchen
1 Prise Muskat

Wasser mit Salz und Kartoffelstücken zum Kochen bringen...
... das dauert 14 Minuten (sie sollen schön weich werden).
Kartoffelstücke herausfischen...
... Sahne zugeben ...
Das Würstchen in Scheiben schneiden und zugeben.
Deckel drauf und 3 Min. ziehen lassen. Dann kann serviert werden!

Hackbraten mit roter Soße

3 bis 4 Portionen

Du brauchst:

100 g Hackfleisch
1 Eigelb
3 Tl Semmelmehl
2 Pl gehackte Mandeln
1 Handvoll Rosinen
je $^{1}/_{2}$ Pl Salz und Pfeffer

Backblech mit Alufolie belegen. Ofen einschalten.
5 MIN. VORHEIZEN
Den Teig forme ich länglich, lege ihn in die Mitte des Backblechs und verziere mit Mandeln.
Für die Soße 5 Tl. Marmelade mit 5 Tl. Orangensaft mischen.
Den Braten warm servieren.
Je 2 Scheiben mit Soße anrichten.

Schwimmende Insel (Apfelpudding)

2 Portionen

Du brauchst:
$^1/_2$ Apfel
3 Tl Zucker
2 Pl Speisestärke
3 Tl Wasser
süße Sahne oder Milch
Zitronenmelisse

Den Topfboden mit Wasser bedecken, Kochplatte einschalten.
Apfelstücke dazutun und mit Zucker etwa 6 Min. weich dünsten.
Inzwischen 2 Tl. Speisestärke mit 3 Tl Wasser anrühren.
Mais
Kurz aufkochen lassen (1-2 Min), dann ausschalten.
In eine mit kaltem Wasser ausgespülte Schüssel gießen, abkühlen lassen...
...und mit Milch oder Sahne angießen und verzieren.

Zweierlei Strudel

3 bis 4 Portionen

Du brauchst:
1 Scheibe Blätterteig (tiefgefroren)
1 Würstchen
1 El Apfelstücke
2 Pl Zucker
1 Tl Rosinen
1 Prise Zimt

Das Würstchen hal-
bieren, auf den Teig
legen.
Teig überklappen,
Rand festdrücken.
Mit der Puppengabel
verzieren.
Im vorgeheizten
Backofen (5 Min)
30 Min. backen. In
Scheiben schneiden.
Diese Mischung auf den Teig
schütten (genügend Platz am
Rand lassen). Wie oben
verschließen
und
backen.
Na,
welcher Stru-
del schmeckt
euch besser?

Schokoladenkuchen

Für Kuchenform von
11 cm Durchmesser

Du brauchst:
50 g dunkle Schokolade
50 g Butter
1 Ei
50 g Zucker
50 g Mehl

Von der Kochplatte nehmen und beiseite stellen. 1 Ei aufschlagen ...
... und zur Schokomasse rühren. Das wird puddingdick. Unbedingt probieren!
Danach den Zucker dazurühren.
Ich fette die Kuchenform sorgfältig aus.
5 MIN. VORHEIZEN
30 Min. muß der Kuchen backen. (Soll innen sehr weich bleiben!) An den Rändern lösen und nach 10 Min. stürzen.

Zitronenquarktorte und Früchtebecher

Du brauchst:
1 Mürbeteigtörtchen
3 El Quark
2 El Zucker
Saft und Schale einer unbehandelten Zitrone

Für den Früchtebecher:
Früchte
1 Tl Zucker
$^1/_2$ Scheibe Schwarzbrot

... in das Mürbeteigtörtchen füllen.
Wer möchte, kann vorher 1 Tl Aprikosen-
marmelade auf dem Torten-
boden verstreichen.
Mond aus
Zitronen-
schale
schneiden.
Fruchtstücke ins Glas
schichten, darüber
Zucker, dann Schwarz-
brotkrümel oder Müsli ...
... obendrauf
kommt der Zitronen-
Quark. Zuletzt
braunen Zucker
oder Schokoladen-
streusel darüber-
streuen.

Ein richtiges Brot backen

Du brauchst:
100 g Mehl
$^{1}/_{5}$ vom Hefewürfel
10 Tl lauwarmes Wasser
$^{1}/_{2}$ Pl Zucker
$^{1}/_{2}$ Pl Salz
1 Pl Öl

Mehl mit ½ Tl Salz in eine Rühr-schüssel geben.
1 Pl Öl und die aufgegangene Hefe zugeben. Erst rühren, dann kneten. Der Teig soll weder zu fest noch klebrig sein. Evtl. Wasser oder Mehl zugeben.
Dann den Teig nochmal kurz kneten. (Auf dem mit Mehl bestreuten Tisch). Zu einem Brot formen 2 mal einschneiden.
Auf das Blech legen. Im (5 Min.) vorgeheizten Ofen 40 Min. backen. Zwischen-durch 1 mal mit Wasser einpinseln.

Salat aus Banane und Chicoree

4 Portionen

Du brauchst für die Soße:
1 Tl Essig
je ½ Pl Salz, Pfeffer, Curry
3 Tl Öl
Außerdem:
1 Banane
1 Chicoree
3 Walnüsse

Chicoree mit spitzem Messer unten aushöhlen, waschen und ...
... in breite Stücke schneiden.
Walnüsse knacken und in kleine Stücke brechen.
Zuletzt alle Zutaten mit der Soße gut vermischen.

Schinken in Sahnesoße

2 Portionen

Du brauchst:

$^{1}/_{2}$ Scheibe Kochschinken (1 cm dick)
1 Messerspitze Butter
10 Tl süße Sahne
je 1 Prise Salz und Pfeffer

Messerspitze Butter in die Pfanne geben. Wenn's brutzelt, Schinkenscheibe hineinlegen.
Auf jeder Seite 3 Min. braten. Mmm, das riecht gut!!
... salzen, pfeffern, gelegentlich umrühren. 8 Min. köcheln lassen (eindicken).
Für 1–2 Min. den Schinken in die Soße legen, dann...
... mit Nudeln (S. 28) servieren!

Nudeln kochen

Für „Schinken in Sahnesoße“

Du brauchst:
$^1/_8$ l Wasser
1 Pl Salz
1 Handvoll Nudeln
(in kleine Stücke gebrochen)

Reis kochen

Für „Frühlingsbeet“

Du brauchst:
8 El Wasser
1 Pl Salz
1 El Reis

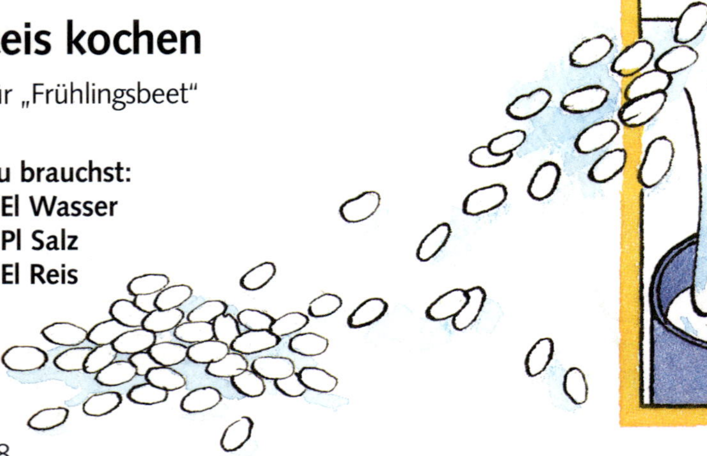

Nudeln ins kochende Wasser werfen ...
Auf-passen!
... Deckel drauf. Wenn's brodelt, Deckel leicht öff-nen, damit nichts überkocht.
In 12 Min. sind die Nudeln gar. Ausschalten, abtropfen lassen und mit 1 Pl Butter zurück in den Topf.
Wasser mit 1 Pl Salz zum Kochen bringen. Etwas verdampfen lassen. Deckel drauf und...
...20 Min. garen lassen. Den fertigen Reis für das Gemüsebeet (S. 8) nehmen. Oder mit Butter, Erbsen und Schinken-stücken vermengen.

Honigspeise

3 Portionen

Du brauchst:
3 El Frischkäse
9 Walnußhälften
Honig oder
Ahornsirup